GUIDE PRATIQUE

A L'USAGE

DES CONTRIBUABLES ET DES COMMERÇANTS

POUR L'APPLICATION DES

TAXES NOUVELLES

SUR

LES PAYEMENTS CIVILS ET COMMERCIAUX

LA VENTE DES OBJETS DE LUXE

ET LES ÉTABLISSEMENTS DE LUXE

(Lois du 31 décembre 1917, du 24 mars 1918, et Décret du 29 mars 1918)

CONTENANT

le Commentaire détaillé des textes,
l'énumération des obligations des commerçants,
la liste des objets de luxe,
les modèles officiels des livres et carnets à tenir
par les commerçants

GRENOBLE
TYPOGRAPHIE ET LITHOGRAPHIE JOSEPH BARATIER
24, Avenue Alsace-Lorraine, 24
—
1918

Prix : 1 fr. 25

GUIDE PRATIQUE

A L'USAGE

DES CONTRIBUABLES ET DES COMMERÇANTS

POUR L'APPLICATION DES

TAXES NOUVELLES

SUR

LES PAYEMENTS CIVILS ET COMMERCIAUX

LA VENTE DES OBJETS DE LUXE

ET LES ÉTABLISSEMENTS DE LUXE

(Lois du 31 décembre 1917, du 24 mars 1918, et Décret du 29 mars 1918)

CONTENANT

le Commentaire détaillé des textes,
l'énumération des obligations des commerçants,
la liste des objets de luxe,
les modèles officiels des livres et carnets à tenir
par les commerçants

GRENOBLE
TYPOGRAPHIE ET LITHOGRAPHIE JOSEPH BARATIER
24, Avenue Alsace-Lorraine, 24

1918

Prix : 1 fr. 25

LES NOUVELLES TAXES

SUR LES

PAYEMENTS CIVILS ET COMMERCIAUX

Jusqu'à présent, les payements de toute nature étaient, en principe, assujettis au timbre de quittance, quand ils étaient constatés *par un écrit* et que le payement avait pour objet une somme supérieure à 10 francs.

Le droit de timbre qui, à l'origine, était uniformément de 0,10 (Loi du 23 août 1871, art. 18) avait été porté ensuite par l'article 28 de la loi du 15 juillet 1914 :

- à 0,20 pour les sommes supérieures à 200 francs mais n'excédant pas 500 francs;
- à 0,30 de 500 à 1.000 francs;
- à 0,40 de 1.000 à 3.000 francs;
- à 0,50 au-dessus de 3.000 francs.

Ce régime n'est pas abrogé. — La loi du 31 décembre 1917 l'a seulement modifié et complété. Par conséquent, dans *tous les cas non prévus par la loi nouvelle*, les payements restent soumis aux droits ci-dessus.

Le régime nouveau vise trois ordres de faits distincts :

1º Les payements civils;
2º *Certains* payements commerciaux;
3º Les payements correspondant à des dépenses de luxe.

*

L'innovation principale est que la taxe devient *proportionnelle* à l'importance des payements.

Elle est de *vingt* centimes par 100 francs ou fraction de 100 francs pour les payements civils et certains payements commerciaux, et de *dix* francs pour cent sur les sommes arrondies de franc en franc au-dessus de 1 franc, les payements de 1 franc et inférieurs étant exempts. (Loi du 24 mars 1918). Dépenses de luxe.

Observation très importante. — Bien que quelques prescriptions de la loi soient communes à tous les payements (civils, commerciaux ou de dépenses de luxe) chacun de ces trois ordres de faits est régi par des dispositions spéciales. Nous nous proposons donc de les étudier séparément dans trois chapitres distincts.

Pour éviter toute confusion dans l'esprit du lecteur, nous l'invitons, avant de commencer ses recherches dans ce guide, à bien se rendre compte de la nature exacte du cas dont il recherche la solution.

S'il s'agit d'un *non commerçant*, il devra se reporter aux indications du Chapitre I. (Taxe sur les payements civils). S'il s'agit d'un *commerçant*, il trouvera aux Chapitres II et III (Taxe sur les payements commerciaux et sur les dépenses de luxe) l'exposé des règles de perception des taxes nouvelles et tout ce qui a trait à ses obligations envers le fisc.

Chapitre I.

TAXE SUR LES PAYEMENTS CIVILS

L'article 19 de la loi assujettit à une taxe de 0,20 % ou fraction de 100 francs « tous les titres, de quelque nature qu'ils soient, *signés* ou « *non signés*, constatant des payements ou des versements de sommes « soit à des non commerçants pour une cause quelconque, soit à des « commerçants pour une *cause autre que l'exercice de leur commerce.* »

La nouvelle taxe est *substituée* à l'ancien droit de timbre de quittance. Donc, quand elle sera due, l'ancien droit ne le sera pas en même temps.

Nécessité d'un écrit. — La taxe n'est pas due par le seul fait qu'il y a un payement ou un versement de sommes. *Il faut que ce payement soit constaté par un écrit.* Mais, du moment où un écrit est délivré par celui qui reçoit, l'impôt est dû. Peu importe sa nature, qu'il soit signé ou non signé, tout écrit libératoire est, *sous réserve des exceptions énumérées plus loin,* sujet à la taxe nouvelle.

Il faut remarquer, à ce propos, que tandis que l'ancien droit de timbre de quittance ne s'appliquait qu'aux actes sous seing privé (Loi du 23 août 1871, art. 18), la taxe nouvelle atteint tous les titres libératoires sans exception, et, par conséquent, les actes authentiques eux-mêmes. C'est ce qui résulte des explications données au cours de la discussion à la Chambre des Députés :

M. BOUGÈRE. — « Certes, je sais ce que c'est qu'un reçu, qu'une « décharge, une quittance : ce sont des mots courants. Mais un « acte », « qu'est-ce que c'est ? »

LE PRÉSIDENT DE LA COMMISSION. — « Un acte notarié, par exemple ».

M. BOUGÈRE. — « Il y a des actes notariés, des actes d'huissier, des « actes d'officier ministériel. Quels sont les autres ? »

LE PRÉSIDENT DE LA COMMISSION. — « Pourvu que l'acte constate un « payement, il est assujetti au droit. »

(Séance du 22 décembre 1917. *Journal Officiel*, page 3499.)

Qualité du recevant et cause du payement. — Pour déterminer si le payement tombe sous l'application de l'article 19, il faut considérer d'abord la qualité de celui qui reçoit. Si c'est un *non commerçant*, la taxe s'applique toujours. Ainsi, la taxe de 0,20 % est due sur la quittance délivrée par un employé, un fonctionnaire qui touche son traitement, par un propriétaire qui perçoit ses loyers, etc...

Si c'est un *commerçant*, il faut voir la *cause* du payement. S'il s'agit d'un encaissement relatif à son commerce et n'ayant pas pour objet un prix de vente au détail de marchandises visées à l'article 23 de la loi, la nouvelle taxe n'est pas due. C'est *l'ancien droit de timbre qui est applicable*. Mais si le commerçant touche à tout autre titre, si, par exemple, il donne quittance à quelqu'un à qui il a prêté de l'argent, s'il délivre un reçu à ses locataires, l'écrit est passible du droit de 0,20 %.

Exceptions. — L'article 20 de la loi exempte de la taxe nouvelle un certain nombre d'écrits, mais en observant que ces titres *continueront d'être soumis*, chacun en ce qui les concerne, *aux droits de timbre en vigueur* avant la promulgation de la loi nouvelle. Ce sont :

1° Les titres constatant l'extinction d'une dette par voie de compensation légale ou de confusion;

2° Les acquits inscrits sur les chèques ainsi que sur les lettres de change, billets à ordre et autres effets de commerce assujettis au droit proportionnel de timbre.

NOTA. — Pour les acquits inscrits sur les chèques, l'exemption du timbre de quittance accordée par l'art. 20 de la loi de 1871 subsiste. Mais l'exonération ne s'applique qu'à l'acquit du montant du chèque donné sur le chèque par le porteur au tiré. Si le chèque est donné en payement d'une dette à une autre personne que le tiré, la nouvelle taxe est due sur l'accusé de réception.

3° Le renouvellement de lettres de change, billets et autres effets de commerce qui reste soumis au droit proportionnel de timbre par l'article 1er dè la loi du 5 juin 1850;

4° *Les quittances ou reçus de 10 francs et au-dessous, quand il ne s'agit pas d'un acompte ou d'une quittance finale sur une plus forte somme;*

5° Les quittances énumérées dans l'article 20, 3° et 4° paragraphes de la loi du 23 août 1871, savoir :

a) Les quittances énumérées en l'article 16 de la loi du 13 brumaire an VII, à l'exception de celles relatives aux traitements et émoluments de fonctionnaires, officiers des armées de terre et de mer et employés salariés par l'Etat, les départements, les communes et tous établissements publics;

b) Les quittances délivrées par les comptables de deniers publics, celles des douanes, des contributions indirectes et des postes, qui restent soumises à la législation qui leur est spéciale;

6° Les reçus délivrés par les banques aux clients *titulaires de comptes de dépôts*, ainsi que les reçus donnés par les dits titulaires, lorsqu'ils ont exclusivement pour objet de constater les versements ou les retraits effectués par les clients au crédit ou au débit de leur propre compte.

NOTA. — Il a été entendu à ce sujet : 1° que l'exception prévue par la loi s'appliquerait au cas du mandataire qui viendrait, au nom du client, pour verser ou retirer des fonds à un compte de dépôt ouvert en banque;

2° Que la loi visait uniquement les comptes de dépôts de fonds et non pas les comptes courants en banque;

3° Que le dépôt de titres restait soumis à l'ancien droit fixe de dix centimes.

(Sénat, séance du 30 décembre 1917, *Journal Officiel*, p. 1232.)

7° Les quittances ou reçus de sommes déposées ou consignées chez des officiers publics ou ministériels en leur dite qualité, lorsqu'elles n'opèrent pas vis-à-vis des tiers la libération des déposants, et les décharges que donnent les déposants ou leurs ayants cause aux dits officiers publics ou ministériels, lorsqu'est faite la remise des sommes consignées ou déposées.

Enfin, il a été reconnu que la nouvelle taxe n'atteint pas les *virements en banque* (Chambre des Députés, séance du 22 décembre 1917, *Journal Officiel*, page 3497).

Taux et liquidation de la taxe. — La taxe est de vingt centimes par cent francs ou fraction de 100 francs.

Pour 100 francs, il est dû 20 centimes.

Pour 101 francs, il est dû 40 centimes, et ainsi de suite.

Comment doit-elle être payée ? — Pour les payements civils, rien n'est changé au système antérieur. La taxe nouvelle est acquittée au moyen de l'apposition de timbres mobiles sur l'écrit libératoire (art. 21 de la loi).

Il est créé des timbres nouveaux à 0.20, 0.40, 0.60, 0.80; 1 franc; 1.20, 1.40, 1.60, 1.80; 2 francs, 4 francs, 6, 8, 10, 20, 40 et 100 francs.

On peut apposer plusieurs timbres sur le même écrit; l'essentiel est que le total de ces timbres représente l'impôt calculé à 0.20 % sur la somme versée arrondie de 100 francs en 100 francs.

Les timbres sont apposés par les parties elles-mêmes. Ils doivent être immédiatement oblitérés par l'inscription, à l'encre noire, en travers du timbre, de la signature de celui qui donne reçu et de la date de l'oblitération.

Cette signature peut être remplacée par une griffe apposée à l'encre grasse, faisant connaître le nom, ou la raison sociale du créancier, sa résidence et la date de l'oblitération.

Les comptables publics peuvent revêtir eux-mêmes du timbre mobile les pièces présentées au payement; mais ils demeurent responsables des contraventions commises.

Les *sociétés, compagnies, assureurs, entrepreneurs de transport* et tous autres assujettis aux vérifications des agents de l'Enregistrement peuvent, sous leur responsabilité, user de la même faculté, en ce qui concerne les actions, obligations. dividendes et intérêts payables au porteur, les rentes sur l'Etranger ainsi que toutes autres pièces de dépenses, états de solde et d'émargement.

Les *comptables publics*, les *agents spéciaux des services administratifs, régis par économie*, les *trésoriers des corps de troupes*, les *assureurs, entrepreneurs de transport* et *autres personnes assujetties* à la communication de leurs documents, sont autorisés à acquitter les taxes exigibles sur les états dits d'émargements, les registres de factage et de camionnage et autres documents constatant les payements ou versements de sommes effectués par eux, en apposant eux-mêmes sur ces états, registres et documents des timbres mobiles représentant une somme égale au montant des taxes dues pour les payements et versements constatés sur une même feuille et opérés durant une même journée. Dans ce cas, les timbres mobiles sont oblitérés par les comptables publics ou autres personnes ci-dessus désignées sous leur responsabilité.

Les personnes qui, sans être assujetties par les lois existantes au droit de communication de l'Enregistrement, prendront l'engagement de s'y soumettre, pourront être autorisées par l'Administration de l'Enregistrement à user du même bénéfice. Cette autorisation une fois donnée pourra toujours être retirée.

Timbrage à l'extraordinaire. — Les sociétés et particuliers peuvent faire timbrer d'avance des formules imprimées. Pour cela, ils doivent déposer ces formules au bureau de l'Enregistrement de leur résidence et acquitter en même temps la taxe applicable à ces formules. Il leur est accordé, dans ce cas, une remise de 2 %.

**

Qui doit supporter la taxe ? — C'est celui qui effectue le payement ou le versement, c'est-à-dire le débiteur. Mais le créancier est responsable, et, en cas de contravention, il est tenu personnellement et sans recours possible contre le débiteur, même en cas de stipulation contraire, de la taxe, des amendes et, s'il y a lieu, des frais de poursuites.

Contraventions et Pénalités. — Toute contravention aux dispositions de l'art. 19 ou du règlement d'administration publique du 29 mars 1918 est punie d'une amende de 6 % (soit 7.50 % avec les décimes) de la somme sur laquelle l'impôt n'aura pas été acquitté, sans que cette amende puisse être inférieure à 50 francs en principal (soit 62 fr. 50 avec les décimes) (art. 22).

Chapitre II.

PAYEMENTS COMMERCIAUX

L'article 23 soumet à la taxe de 0.20 par 100 francs ou fraction de 100 francs :

« 1° Le *payement* de la vente au *détail* ou à *la consommation* de « toutes marchandises, denrées, fournitures ou objets quelconques, « lorsque ce payement *dépasse 150 francs.* »

2° Les payements pour la même cause, même s'ils sont inférieurs à 150 francs mais s'ils sont supérieurs à 10 francs, dans tous les cas où *il est délivré un reçu* signé ou non signé.

3° Le payement des marchandises importées lorsque ces marchandises sont destinées aux consommateurs.

Les payements de livraisons à l'Etranger de marchandises fabriquées en France sont exemptes de la taxe.

La taxe nouvelle remplace l'ancien droit de quittance.

Ce n'est pas la vente qui est taxée mais le payement du prix. — Il en résulte que tous les payements qui seront effectués à partir du 2 avril 1918, quand ils rentreront, bien entendu, dans la catégorie des payements visés à l'article 23, seront assujettis à la taxe nouvelle alors même que la vente serait antérieure à cette date.

Toutefois, le Ministre des Finances a expliqué que lorsqu'il y aura eu, avant le 2 avril 1918, remise d'une lettre de change ou que l'on se trouvera en présence d'une créance moratoriée, la taxe ne sera pas réclamée.

Mais il est indispensable, pour que la taxe soit due, qu'il s'agisse du payement d'un prix de vente faite *au détail* ou *à la consommation*.

Les autres payements commerciaux et notamment ceux relatifs à des ventes *en gros ou demi-gros* restent soumis à l'ancien droit de timbre.

Ainsi donc, lorsqu'on se trouvera en présence d'un payement du prix d'une vente de marchandises, denrées, etc..., les conditions d'application de la loi nouvelle seront les suivantes :

Ou bien le payement n'excède pas 10 francs, et il n'est dû ni la taxe de 0.20 % ni le droit de quittance de dix centimes.

Ou bien le payement a pour objet une *somme comprise entre 10 fr. et 150 francs inclusivement*, et la taxe de 0.20 % sera due, mais seulement dans le cas où l'acquéreur se fera *délivrer un reçu signé ou non signé*.

Ou bien le payement dépasse 150 francs et alors la taxe de 0.20 % sera toujours due, *même s'il n'est pas remis à l'acheteur de titre libératoire*.

Pour déterminer si le montant d'un achat fait dans une même maison dépasse ou non 150 francs, il faut considérer la dépense totale faite par l'acheteur si les articles sont de *même nature et espèce*. Ainsi, si une personne achète en même temps deux douzaines de chemises à 10 francs la pièce, comme la totalité du payement atteindra 240 fr., bien que le prix unitaire de chaque objet soit seulement de 10 francs, la taxe de 0.20 % sera exigible sur 300 francs (dépense arrondie par fraction de 100 fr.).

Qui doit la taxe ? — C'est l'acquéreur ou consommateur. Mais, s'il y a contravention, le vendeur est responsable de l'amende. Il doit même, en ce cas, payer lui-même le droit simple, sauf à se retourner ensuite contre le consommateur.

Quand l'acquéreur ou consommateur doit-il payer la taxe ? — Au moment du payement total ou partiel du prix. Si le prix est payé par acomptes, la taxe ne devient exigible qu'au fur et à mesure des versements et elle est calculée chaque fois sur le montant de l'acompte réellement versé, arrondi par 100 francs, ou fraction de 100 francs.

Lorsque l'article vendu sera *rendu* ou *échangé*, la taxe sera remboursée par le vendeur à l'acheteur, puis restituée au vendeur par l'Administration.

Comment le commerçant doit-il retenir la taxe ? — Il peut soit employer des timbres mobiles soit encaisser lui-même la taxe pour en faire compte au Trésor à des époques déterminées.

Quel que soit le mode adopté, le commerçant doit inscrire les *payements supérieurs à 150 francs* sur un livre spécial.

Ce livre peut être tenu soit sous la forme du modèle n° 1 annexé au décret du 29 mars 1918, soit sous celle d'un carnet à souche du modèle n° 2.

(Voir ces deux modèles à la fin du guide.)

Lorsqu'un commerçant a adopté l'un de ces deux modèles, il ne doit pas le changer sans l'agrément de l'Administration.

Chaque livre ou carnet doit être numéroté en série, et, en cas de pluralité de caisses dans l'établissement, doit se référer à une seule d'entre elles.

Chaque opération à inscrire sur le livre ou sur le carnet comporte, sous une série ininterrompue de numéros, les indications suivantes.

(S'il est fait usage de carnets, ces indications doivent être reproduites sur la souche et sur le volant.)

1° Numéro d'ordre;
2° Date du paiement;
3° Désignation sommaire des articles;
4° Prix des dits articles;
5° Taxe perçue.

En cas de reprise ou d'échange d'objets vendus, les mentions ci-dessus sont complétées par les suivantes :

6° Nom et adresse de l'acheteur;
7° Désignation sommaire des articles;
8° Taxe remboursée.

Le commerçant peut également, s'il le préfère et en prévenant l'Administration, inscrire les opérations de reprise ou d'échange sur des livres ou carnets distincts, dits n° 2 et conformes au modèle 3 (voir à la fin du volume).

Ces livres spéciaux et carnets n° 2 doivent être numérotés en série et se référer à la caisse qui a effectué les opérations inscrites au livre ou carnet n° 1.

Les indications suivantes doivent figurer sur le livre spécial n° 2 et, dans le cas d'usage du carnet n° 2, sur la souche et sur le volant :

1° Numéro d'ordre;
2° Date de la vente;
3° Date de la reprise ou échange;
4° Nom et adresse du client;
5° Désignation sommaire des articles;
6° Prix des dits articles;
7° Taxe remboursée.

L'Administration de l'Enregistrement peut, sur la demande des intéressés, les autoriser à adopter des livres spéciaux ou carnets a souche non conformes aux modèles du décret, pourvu qu'on y retrouve les mentions prévues ci-dessus.

Lorsqu'un modèle aura été ainsi autorisé, aucune modification ne devra être faite sans nouvelle autorisation.

Payement par l'apposition de timbres mobiles. — Les timbres mobiles à employer sont de même quotité que ceux désignés au Chapitre I.

Lorsqu'ils seront achetés par le commerçant, il lui sera délivré en même temps, et *gratuitement*, des estampilles de contrôle en nombre égal à celui des timbres achetés.

Quand il aura à encaisser la taxe, le commerçant apposera, en même temps :

1° Des timbres mobiles sur le livre spécial ou carnet à souche, en regard de l'inscription du payement de la fourniture;

2° Des estampilles de contrôle sur l'écrit remis à l'acheteur. Il lui est interdit de se servir isolément soit de l'estampille soit du timbre mobile.

S'il ne délivre pas de reçu, il doit apposer simultanément les timbres et les estampilles sur le livre spécial. Les timbres mobiles et les estampilles de contrôle sont immédiatement oblitérés par l'apposition, en travers, à l'encre noire, de la signature du vendeur et de la date. Cette signature peut être remplacée par une griffe à l'encre grasse faisant connaître le nom ou la raison sociale de la maison et la date.

Objets rendus ou échangés. — On a vu que lorsque l'article vendu est ultérieurement rendu ou échangé, la taxe est remboursée par le vendeur au client, puis restituée au commerçant par l'Administration.

Pour obtenir cette restitution, le commerçant doit remettre à l'Administration :

1° Une déclaration signée de lui établissant, avec référence à la page du livre spécial ou du carnet à souche, que la taxe a été effectivement remboursée au client;

2° Une déclaration du client attestant l'exactitude des mentions inscrites sur le livre ou carnet.

Cette dernière déclaration est faite sur la quittance, s'il en a été délivré une au moment du payement.

Pour donner droit à la restitution de la taxe, il faut que la reprise ou l'échange ait lieu *dans le délai de deux mois*.

Payement en compte avec le Trésor. — Les commerçants qui préféreront user de ce système devront, au préalable, se faire autoriser par le Directeur départemental de l'Enregistrement à qui ils adresseront à cet effet une demande *sur papier non timbré*.

Cette demande sera immédiatement examinée et elle sera généralement accueillie, sans la moindre difficulté.

En cas d'abus, l'autorisation pourra être retirée par un avis donné trois mois à l'avance.

Le commerçant investi de cette autorisation percevra la taxe sous sa responsabilité pour le compte du Trésor, dans les conditions ci-après :

Il devra, bien entendu, tenir le livre spécial ou le carnet à souche dont il est question ci-devant.

Quant à la quittance qu'il délivrera au client, l'Administration, dans son Instruction relative à l'application de la loi, dit qu'elle sera dispensée de l'apposition du timbre mobile et revêtue d'une mention imprimée ainsi conçue : « *Taxe payée sur extraits en compte avec le Trésor* ».

Mais sur ce point, le décret postérieur du 29 mars 1918 n'est pas conforme à cette indication. Il y est dit que s'il est délivré une quittance, la perception de la taxe sera constatée par l'apposition sur l'écrit libératoire d'un *timbre mobile* portant imprimés les mots : « Taxe payée en compte avec le Trésor », timbre qui devra être oblitéré par la signature ou la griffe du commerçant.

Il est certain que si c'est ce second procédé qui est admis les timbres mobiles spéciaux prévus par le décret seront fournis gratuitement aux commerçants.

Quoi qu'il en soit, la quittance ainsi établie doit mentionner :

1° Le nom ou la raison sociale du vendeur et son adresse;
2° La date du payement;
3° Le montant de la taxe perçue;
4° Le numéro de la caisse qui a reçu le payement;
5° Le numéro sous lequel l'article ou les articles vendus sont inscrits sur le livre spécial ou sur les livres ou carnets de recettes.

Le dernier jour de chaque mois, le commerçant établit un extrait du livre spécial ou des carnets à souche. Cet extrait fait ressortir :

1° Le montant de la taxe perçue du premier au dernier jour du mois inclusivement;
2° Le montant de la taxe remboursée pendant le même laps de temps, à raison des objets rendus ou échangés dont il est justifié;
3° La balance entre la taxe perçue et la taxe remboursée.

Cet extrait est certifié par le commerçant. Il est déposé dans les dix premiers jours du mois suivant au bureau de l'Enregistrement de sa résidence.

Le dépôt est accompagné du versement de la taxe perçue sous déduction de celle applicable aux objets rendus ou échangés.

Si, au cours du mois, aucune inscription ne figure sur le livre spécial ou carnets de recettes qui en tiennent lieu, il n'en faut pas moins déposer au bureau un extrait négatif.

Si, par suite des vérifications opérées ultérieurement par le commerçant, des erreurs ou omissions sont constatées, la taxe se rapportant à ces erreurs ou omissions fait l'objet d'un *état spécial et détaillé* indiquant les différences en plus ou en moins. Cet état est déposé au bureau de l'Enregistrement en même temps que l'extrait s'appliquant au mois pendant lequel les erreurs ou omissions ont été reconnues.

Dans le cas où une maison commerciale possède indépendamment d'un établissement principal, une ou plusieurs agences ou succursales, toutes les dispositions qui précèdent s'appliquent à chacune des agences ou succursales.

Le livre spécial et les carnets à souche prévus sont, à toute réquisition, représentés aux agents de l'Enregistrement pour leur permettre de s'assurer de l'exacte application des dispositions de la loi et du décret.

A cet effet, ces documents doivent être conservés *pendant deux ans* à partir du jour où ils ont été terminés.

Remise accordée aux commerçants. — L'art. 3 de la loi du 24 mars 1918 prévoit l'allocation d'une remise aux commerçants sur le montant des taxes qu'ils encaisseront pour le compte du Trésor, lorsqu'ils auront obtenu l'autorisation de payer sur extraits.

Le taux et le mode de payement de cette remise seront ultérieurement déterminés.

Contraventions et Pénalités. — L'article 26 punit d'une amende de 6 % (7.50 avec les décimes) de la somme sur laquelle l'impôt n'aura pas été régulièrement acquitté, sans que cette amende puisse être inférieure à 62 fr. 50, tout vendeur et tout acquéreur qui auront contrevenu aux dispositions qui précèdent.

Le recouvrement du droit simple est poursuivi contre le vendeur, sauf son recours contre le client.

L'amende peut, à chaque récidive, être majorée de 25 %.

Les contraventions sont constatées au moyen de procès-verbaux par les agents de l'Enregistrement, les officiers de police judiciaire, les agents de la force publique, ceux des contributions directes, des contributions indirectes, des douanes et des octrois.

L'action du Trésor se prescrit par trois ans à compter de la découverte de l'infraction.

Les instances sont introduites et jugées comme en matière d'enregistrement, c'est-à-dire dans la forme tracée par l'art. 76 de la loi du 28 avril 1816.

CHAPITRE III.

TAXE SUR LE PRIX DE VENTE DES OBJETS DE LUXE

Le paragraphe 1er de l'art. 27 frappe d'une taxe de 10 % « le paye-
« ment des machandises, denrées, fournitures ou objets quelconques
« offerts au détail ou à la consommation sous quelque forme et dans
« quelque condition que ce soit, par un commerçant ou par un non

« commerçant, si ces marchandises, denrées, fournitures ou objets sont
« classés comme étant de luxe. »

Une loi postérieure du 24 mars 1918 a classé comme étant de luxe,
savoir :

1° Dans un premier tableau, 26 catégories d'objets soumis à la taxe
en raison de leur nature, *quel que soit leur prix;*

2° Dans un deuxième tableau, 77 catégories d'objets soumis à la
taxe seulement lorsque le prix de vente excédera le prix inscrit au
tableau.

(Voir ces deux tableaux à la fin du guide.

Cette même loi dispose (article 2) qu'aucun payement inférieur à
1 franc ne sera soumis à la taxe, à moins qu'il ne s'agisse d'un acompte
sur une plus forte somme. Au delà de 1 franc, les sommes passibles
de la taxe sont arrondies de franc en franc. Ainsi un payement de
1 fr. 10 supportera une taxe de 0.20 comme pour 2 francs. Lorsque le
prix d'un objet classé au second tableau dépassera le chiffre porté à
ce tableau, la taxe sera perçue non pas seulement sur la somme excédant ce chiffre, mais sur le prix total de l'objet, tel qu'il sera payé par
l'acheteur.

Ainsi, si un objet est classé comme étant de luxe à partir de 50 fr.,
et s'il est vendu 60 francs, la taxe sera due sur 60 francs.

Lorsque plusieurs objets classés soit dans le premier tableau soit
dans le second seront vendus au même acheteur et compris dans la
même facture, la taxe sera perçue séparément sur le prix de chaque
objet, et non pas sur l'ensemble du prix de ces objets.

Il est, en effet, indispensable que la perception soit nettement spécialisée sur chaque objet, pour le cas de restitution ultérieure si l'objet
est rendu ou échangé.

Il est à noter que la perception de la taxe de 10 % exclut celle de la
taxe de 0.20 %, les deux taxes ne pouvant ni se cumuler ni se superposer, de même que celle de l'ancien droit de timbre de quittance.

Le Sénat vient de voter le 5 avril une disposition additionnelle à
l'article 27 décidant que la taxe de 10 % ne serait pas perçue sur le prix
de la vente d'objets de luxe quand ces objets auraient été vendus *avant
le 31 décembre 1917.* Dans ce cas, ces payements restent soumis aux
dispositions de l'article 23.

L'application de l'article 27 appelle une importante observation.
On remarquera, en effet, qu'en raison de ses termes généraux et absolus, tout payement de marchandises, denrées, etc..., classés comme
étant de luxe, offertes au détail ou à la consommation est passible de
la taxe de 10 %, *sans qu'il y ait à distinguer entre le cas où la dépense
est effectuée dans un établissement classé comme établissement de
luxe ou dans une maison non classée comme tel.*

Or, sous le n° 9 du tableau des objets soumis à la taxe en raison
de leur nature et quel que soit leur prix, figurent : « les *eaux-de-vie,*
« *liqueurs, apéritifs, vins de liqueurs.* »

Il faut donc en conclure que lorsque des boissons spiritueuses seront livrées à la consommation, même dans un établissement (hôtel, restaurant, café, etc...) *non classé comme établissement de luxe*, le prix de la consommation devra être assujetti à la taxe de 10 %, si, bien entendu, il est supérieur à 1 franc.

La taxe est à la charge de l'acheteur ou du consommateur. Mais, comme en matière de payements commerciaux, le vendeur doit veiller à ce qu'elle soit régulièrement acquittée sous peine d'encourir une amende de 6 % (7.50 avec les décimes) de la somme sur laquelle elle n'aura pas été acquittée, sans que cette amende puisse être inférieure à 50 francs en principal (soit 62 fr. 50 avec les décimes).

A chaque récidive, cette amende pourra être majorée de 25 %.

Les dispositions qui précèdent s'appliquent à toutes les transactions portant sur une marchandise ou un objet de luxe, que le vendeur soit commerçant ou qu'il ne le soit pas.

Objets de luxe vendus aux enchères publiques. — Le 3e paragraphe de l'article 27 dispose qu'en cas de vente publique, le droit d'enregistrement perçu sur le procès-verbal sera porté à 10 % du prix des marchandises et objets de luxe.

Cette rédaction implique qu'en pareil cas le droit de 10 %, sans décimes, est substitué au droit actuel de 2 % qui ne sera perçu que sur le prix des objets qui ne sont pas de luxe.

Toutefois, cet article contient une exception en faveur des ventes par licitation forcée qui restent soumises au droit de 2 %.

Il a été entendu, au cours des débats, que le mot « licitation » ne devait pas être interprété restrictivement et que la faveur de la loi s'étendait à toutes les ventes forcées, telles que les ventes après faillite ou après saisie, les ventes de biens de mineurs, etc...

Dispositions relatives au payement de la taxe.

Si le vendeur d'un objet de luxe n'est pas commerçant, il doit *obligatoirement* délivrer une quittance, même si le prix de la vente, au lieu d'être payé en espèces, est acquitté au moyen d'un chèque, d'une lettre de change, d'un billet à ordre ou de tout autre effet de commerce, et apposer un timbre mobile sur cette quittance. Si le vendeur est commerçant, il peut, à son choix, user de l'un ou de l'autre des deux modes de payement indiqués au chapitre précédent relatif aux payements commerciaux, c'est-à-dire :

Ou bien se servir de timbres mobiles;
Ou payer en compte avec le Trésor.

Il est créé pour la perception de la taxe de 10 % des timbres spéciaux de quotités suivantes :

5, 10, 20, 30, 40, 50, 60, 70, 80, 90 centimes;
1, 2, 3, 4, 5, 6, 7, 8, 9, 10, 20, 30, 40, 50, 100, 200, 300, 400, 500, 1.000, 2.000, 3.000, 4.000 et 5.000 francs,

Ainsi que des estampilles de contrôle correspondant à chacune de ces quotités.

Nous nous référerons à tout ce qui a été dit au chapitre précédent en ce qui concerne le mode d'emploi des timbres mobiles et des estampilles et en ce qui a trait aux opérations à effectuer par le commerçant dans le cas où il a été admis à payer la taxe sur extraits en compte avec le Trésor.

CHAPITRE IV.

ACHATS FAITS PAR DES COMMERÇANTS

D'après les développements qui précèdent, on a vu que l'article 23 vise les payements relatifs à des ventes de marchandises de *toute nature* et que l'article 27 a trait aux payements relatifs à la vente d'*objets de luxe*. Mais ces deux articles ont un caractère commun : c'est qu'ils ne sont applicables qu'*aux ventes au détail ou à la consommation*.

Les nouvelles taxes, aussi bien celle de 0.20 % que celle de 10 %, ne frappent donc que les achats faits directement par le client ou consommateur pour ses besoins personnels. Elles ne s'appliquent pas aux ventes faites à un commerçant pour les besoins de son commerce.

Toutefois, l'exemption de la taxe est subordonnée à l'accomplissement des conditions ci-après énumérées dans le décret du 29 mars 1918.

ART. 24. — Le commerçant qui achète pour les revendre à un non commerçant ou à un commerçant vendant au détail ou à la consommation, des marchandises, denrées, fournitures ou objets quelconques doit acquitter la taxe à moins qu'il ne produise au vendeur un écrit revêtu de sa signature faisant connaître ses nom, prénoms et adresse et attestant sous la responsabilité du déclarant :

1° Qu'il est soumis à l'impôt établi par les articles 2 à 12 de la loi du 31 juillet 1917 sur les bénéfices des professions commerciales et industrielles ou qu'il se trouve dans l'un des cas d'exonération prévus à l'article 13 de la dite loi;

2° Qu'il achète pour son propre compte.

(Cette disposition n'est pas applicable aux commissionnaires ou aux courtiers inscrits au rôle de la contribution sur les bénéfices des professions commerciales ou industrielles et qui, sous une forme qui sera arrêtée par le Ministre des Finances, établiront que les marchandises achetées sont destinées à un commerçant.)

3° Que les marchandises achetées sont destinées à être vendues transformées ou non, et doivent supporter à ce moment la taxe. L'attestation porte le nom et l'adresse de l'acheteur ainsi que sa signature.

(Cette exemption n'est pas applicable aux achats faits dans les ventes publiques qui sont soumises, en vertu de l'article 27, 3° paragraphe, à un droit d'enregistrement de 10 %.)

Inscription au livre spécial. — Les payements afférents aux marchandises vendues à un commerçant doivent figurer au livre spécial ou au carnet à souche du vendeur. L'inscription est émargée d'une mention ainsi conçue :

« Exemption. — Vente à un commerçant. — Quittance ou autre pièce. »

On a vu que lorsqu'un objet de luxe est vendu par un non commerçant, ce dernier doit obligatoirement délivrer une quittance du prix. Dans l'hypothèse où la vente a été faite à un commerçant qui achète pour revendre, la quittance dont il s'agit doit reproduire les mentions prévues à l'article 24 ci-dessus transcrites.

CHAPITRE V.

TAXE SUR LES ÉTABLISSEMENTS DE LUXE

Aux termes de l'article 28 « les dépenses afférentes au logement ou « à la consommation sur place de boissons et denrées alimentaires quel-« conques seront passibles d'une taxe de 10 % lorsqu'elles seront effec-« tuées dans un établissement qui, en raison de la catégorie de sa clien-« tèle, de son mode d'exploitation, de l'élévation de ses prix de base et « de son importance sur la place, peut être considéré comme établisse-« ment de luxe... »

Le deuxième alinéa porte que ces établissements seront classés par une Commission de département dont il indique la composition.

A la différence de l'art. 27 qui ne frappe de la taxe que le payement de la vente au détail de certaines marchandises figurant dans les listes des objets de luxe, l'article 28 atteint, indépendamment des dépenses de logement, les dépenses de consommation de boissons et denrées alimentaires de *toute espèce* et de *toute qualité*, à la seule condition que l'établissement où ces dépenses seront effectuées ait été classé dans la catégorie des établissements de luxe.

Lors donc qu'un établissement aura été classé, toutes les dépenses qui y seront faites devront indistinctement être assujetties à la taxe de 10 %.

Il faut cependant remarquer que l'impôt n'atteint que les dépenses de consommation faites *sur place*, c'est-à-dire dans l'établissement même. Par conséquent, un pâtissier, un restaurateur, par exemple, dont la maison aura été classée, ne devra pas retenir la taxe sur les marchandises qu'il livre à sa clientèle extérieure et qui sont destinées à être consommées en dehors de son établissement. Dans cette hypothèse, la taxe de 10 % ne serait due que si les marchandises livrées étaient classées comme objets de luxe, c'est-à-dire que c'est l'article 27 de la loi et non l'article 28 qui s'appliquerait.

Par la nature même des dépenses qu'il frappe, l'article 28 ne vise guère qu'une catégorie assez restreinte de commerces (hôtels, restaurants, cafés, pâtisseries, maisons de thé, maisons meublées).

L'expérience a déjà démontré que son application soulèvera de sérieuses difficultés, car le critérium assez imprécis proposé par le législateur pour discerner l'établissement de luxe rend, dans la majorité des cas, le rôle des Commissions de classement très délicat. Il eût été, selon nous, préférable de taxer les dépenses visées à l'article 28, lorsque ces dépenses auraient excédé un certain chiffre, mais sans distinction d'établissements. Il est possible que la loi soit un jour modifiée dans ce sens. En attendant, il convient de préciser, par quelques indications sommaires, la portée de ses termes.

Il est un point sur lequel nous appelons immédiatement l'attention : c'est qu'il ne faut pas confondre l'établissement de luxe visé par l'art. 28 avec l'établissement de premier ordre. Les explications échangées au cours des débats parlementaires ne laissent subsister aucun doute à cet égard.

Un établissement confortablement aménagé, soigneusement tenu ne devra pas être classé comme étant de luxe par cela seul qu'il occupe le premier rang dans une localité. Il est essentiel, pour qu'il revête le caractère d'établissement de luxe qu'il soit fréquenté principalement par une clientèle de personnes fortunées, habituées à se livrer à des dépenses d'ordre somptuaire, que son mode d'exploitation présente un certain raffinement, que ses prix soient notablement plus élevés que ceux pratiqués dans les bons établissements similaires de la ville où il est situé, enfin qu'il occupe dans cette ville une situation prépondérante qui le place notoirement au-dessus des autres.

Procédure. — Quand un établissement a été classé comme étant de luxe par la Commission de département, notification de la décision est faite au chef du dit établissement par lettre recommandée. Si celui-ci le juge à propos, il peut, dans le délai d'un mois à dater de cette notification, faire appel devant une Commission supérieure siégeant à Paris.

Cet appel est formé soit par une simple déclaration à faire au Secrétariat de la Commission de département, soit par lettre recommandée adressée à ce Secrétariat.

Le siège du Secrétariat est établi à la Direction départementale de l'Enregistrement.

Dans le mois qui suit la déclaration d'appel, l'intéressé dépose ou adresse au Secrétariat un mémoire sur papier timbré, avec toutes les pièces justificatives qu'il juge utiles; il donne dans son mémoire ses nom et domicile et expose ses moyens et conclusions. Il lui est délivré un récépissé du dossier.

Si la Commission de département a refusé le classement, un appel peut être interjeté par le Directeur départemental de l'Enregistrement. Dans ce cas, l'intéressé est prévenu par lettre recommandée, et il peut, pendant les trente jours qui suivent, prendre connaissance du dossier au Secrétariat et formuler par écrit ses observations. Passé ce délai, le dossier est transmis à la Commission supérieure.

Enfin, lorsqu'une décision de la Commission de département n'a pas été frappée d'appel, elle peut toujours, après une année révolue, être revisée à la demande soit de l'intéressé soit de l'Administration, et ainsi de suite d'année en année.

Pareille demande en revision peut être formée devant la Commission supérieure, dans les mêmes délais, pour toute affaire ayant donné lieu à une décision définitive.

Caractère et effets de l'appel. — Lorsqu'un établissement aura été classé par la Commission de département, la taxe de 10 % sera immédiatement exigible. D'après l'Administration, elle continuera à l'être, même *en cas d'appel*, tant que la décision attaquée n'aura pas été définitivement annulée.

Payement de la taxe. — **Contraventions.** — **Pénalités.** — Toutes les règles exposées aux Chapitres II et III sont applicables au cas particulier, notamment en ce qui concerne la tenue du livre spécial.

Dans son Instruction, l'Administration observe toutefois qu'il ne paraît pas possible d'appliquer aux établissements de luxe visés par l'article 28 le système du payement par l'usage de timbres mobiles et que, par suite, le payement de la taxe s'effectuera uniquement sur extraits, en compte avec le Trésor.

Cette indication est contradictoire avec le texte de l'article 21 du décret du 29 mars 1918 qui, après avoir prévu la création de timbres mobiles spéciaux dont les quotités ont été indiquées ci-devant au Chapitre III, stipule que ces timbres sont destinés à l'acquittement de la taxe de 10 % prévue par les articles 27 et 28 de la loi. Or, l'article 28 est bien celui qui est relatif aux dépenses faites dans des établissements de luxe. Il semble donc que les chefs de ces maisons peuvent, s'ils le trouvent préférable, employer le système de payement par apposition de timbres mobiles et d'estampilles de contrôle.

Qualification d'établissement de luxe. — **Droit exclusif.** — L'art. 28, avant-dernier alinéa, réserve aux seuls établissements classés et soumis-

comme tels à la taxe de 10 %, le droit de prendre dans les enseignes, réclames, annonces, guides, publications, etc., la qualification d'établissement de luxe ou de premier ordre, et ajoute que toute infraction entraîne le classement d'office.

Cette disposition, qui confère ainsi à la taxe de 10 % un certain caractère d'impôt de publicité, implique le droit pour un établissement quelconque de 2e ou 3e ordre de prendre place dans la catégorie des établissements de luxe sans recourir à la procédure du classement, à la condition de payer la taxe.

Il a d'ailleurs été entendu, au cours des débats parlementaires, qu'un chef d'établissement pourrait toujours solliciter lui-même le classement de sa maison. Dans cette hypothèse, il serait du reste difficile à la Commission de ne pas accéder au désir de l'intéressé puisqu'il suffirait à celui-ci, en cas de rejet de sa demande, d'obtenir le résultat recherché en donnant simplement à sa maison le titre d'établissement de luxe ou de premier ordre.

ANNEXES

TABLEAU A

**Objets soumis à la taxe en raison de leur nature,
« quel que soit leur prix ».**

1. Appareils de photographie, objectifs et accessoires.
2. Automobiles servant au transport des personnes, leurs châssis, carrosserie.
3. Bijouterie d'or ou de platine.
4. Billards et accessoires.
5. Bonneterie et lingerie de soie pure ou mélangée.
6. Bronzes d'art, ferronnerie et serrurerie d'art.
7. Chevaux, poneys, ânes, mules et mulets de luxe (1).
8. Curiosités, antiquités et tous objets de collection.
9. Eaux-de-vie, liqueurs, apéritifs, vins de liqueurs.
10. Fusils de chasse, articles de chasse ou d'armurerie.
11. Gibier vivant pour chasse ou repeuplement.
12. Harnachement pour chevaux de selle.
13. Joaillerie fine.
14. Librairie : éditions d'art sur papiers spéciaux à tirage limité.
15. Livrées.
16. Montres en or ou en platine.
17. Orfèvrerie d'or, d'argent ou de platine.
18. Parfumerie (fards, parfums, essences, extraits, etc.), à l'exclusion des savons et des dentifrices.
19. Peintures, aquarelles, pastels, dessins, sculpture originale (sont exemptes de la taxe les œuvres originales de cette catégorie vendues directement par l'auteur).
20. Perles fines.
21. Pianos autres que les pianos droits.
22. Pierres précieuses, gemmes naturelles.
23. Tapisseries anciennes ou modernes, en laine ou en soie, tissées au métier ou à la main. Tapis d'Orient, tapis de savonnerie.
24. Truffés, volailles et gibier truffés, pâtés truffés.
25. Vêtements de vénerie, amazone.
26. Canots et bateaux de plaisance à propulsion mécanique, yachts.

---

(1) Les éleveurs n'ont pas à supporter la taxe.

TABLEAU B

Objets soumis à la taxe, lorsque le prix de vente excédera le prix porté ci-dessous.

1. Abat-jour	10 »
2. Accessoires de vêtements : Hommes	10 »
Femmes	10 »
3. Animaux d'agrément : Chiens	40 »
Autres animaux	10 »
4. Articles d'ameublement et accessoires	10 »
5. Articles de Paris, articles de fantaisie ou d'Orient en toutes matières, sauf ceux compris au tableau A	10 »
6. Articles de fantaisie pour bureau	10 »
7. Articles de fumeurs	10 »
8. Articles de piété	10 »
9. Bicyclette	250 »
10. Bijouterie d'argent	10 »
11. Bijouterie imitation ou doublé ou en matières non précieuses	10 »
12. Bonneterie, lingerie de corps :	
Enfants	20 »
Hommes	40 »
Femmes	40 »
13. Brosserie, peignes, autres objets de toilette	10 »
14. Cadres	10 »
15. Cannes, cravaches	10 »
16. Céramique :	
a) Service de table douze couverts (116 pièces environ)	200 »
Petites pièces isolées	2 »
Petites pièces moyennes	5 »
Grosses pièces	15 »
b) Service de toilette complet	30 »
La pièce isolée	10 »
c) Service à thé ou à café	30 »
Petite pièce isolée	2 »
Grosse pièce	10 »
17. Chapellerie pour hommes	20 »
18. Chapeaux de femmes	40 »
19. Chaussures, la paire : Enfants	25 »
Femmes	40 »
Hommes	50 »
20. Chocolat, confiserie, bonbons, le kilogramme	8 »
21. Corsets, ceintures	50 »

22. *a)* Costumes complets ou pardessus :
- d'Enfants .... 80 »
- de Garçonnets .... 125 »
- d'Hommes (habit, redingote, jaquette) ...... 200 »

b) Complet veston pour hommes .... 175 »

c) Pièces séparées :
- Gilet .... 25 »
- Pantalon .... 50 »
- Habit, smoking, redingote, jaquette ...... 125 »
- Veston .... 100 »

d) Costumes ou Manteaux :
- Fillettes .... 150 »
- Dames .... 250 »

e) Pièces séparées :
- Jupes .... 100 »
- Corsages .... 80 »

23. Couvertures, couvre-pieds, édredons ...... 100 »
24. Coutellerie, ciseaux, par article .... 10 »
25. Dentelles, broderies, le mètre, à la main ... 10 »
- à la mécanique .... 2 »
- A la pièce, à la mécanique .... 6 »
- à la main .... 30 »
26. Eventails .... 10 »
27. Fleurs artificielles ou stérilisées, l'achat ... 10 »
28. Fleurs naturelles, plantes de serres ou d'appartements, l'achat .... 10 »
29. Fourrures .... 100 »
30. Ganterie, la paire .... 8 »
31. Garniture de foyers .... 100 »
32. Gravures, estampes, photographies d'art et reproduction d'œuvres d'art .... 100 »
33. Guêtres, jambières, la paire .... 30 »
34. Instruments de jeux et de sports .... 25 »
35. Instruments de pêche .... 10 »
36. Instruments de musique autres que le piano (phonographes, gramophones, pianos mécaniques et tous les accessoires) .... 150 »
37. Jumelles, lorgnettes, faces à main .... 30 »
38. Jouets .... 20 »
39. Lampes, appliques .... 50 »
40. Linge de maison :
- Le drap .... 60 »
- La taie .... 10 »
- La nappe, le mètre carré .... 15 »
- La serviette de table ou de toilette ..... 4 »
- Tous autres articles .... 4 »
41. Lustres, suspensions, plafonniers .... 100 »
42. Malles .... 100 »
43. Maroquinerie .... 25 »
44. Meubles :
- de chambre à coucher, de salon, de salle à manger, de cabinet de travail, par ensemble et pour chaque .... 1.500 »

Par pièce : la petite	100 »
— la pièce moyenne	250 »
— la grosse	500 »

45. Miroiterie :
   Miroirs .... 20 »
   Glaces encadrées .... 100 »
46. Motocyclettes, side cars, cycles cars et similaires .... 2.000 »
47. Montres autres que celles visées au tableau A 50 »
48. Mouchoirs, la douzaine .... 18 »
49. Objets d'ornements ou d'étagères .... 10 »
50. Orfèvrerie en métal commun, dorée, argentée ou non, à l'exception des couverts de table, la pièce .... 15 »
51. Parapluie, parasols, ombrelles .... 25 »
52. Parfumerie : objets autres que ceux classés au tableau A : Savons, la pièce .... 2 »
   Dentifrice, le litre .... 15 »
   Alcool de toilette .... 15 »
53. Parures en plumes .... 25 »
54. Pendules, cartels, horloges .... 100 »
55. Pelleteries .... 50 »
56. Photographies : portraits, la douzaine .... 40 »
   Agrandissements, la pièce .... 40 »
57. Pianos droits et harmoniums .... 1.200 »
58. Plumes de parure .... 10 »
59. Réveille-matin, pendules de voyage, pendulettes de bureau .... 20 »
60. Rideaux, encadrements de lits, porte-fenêtres :
   par rideau ou encadrement .... 100 »
   portière double .... 100 »
   portière simple .... 60 »
   par décoration de lit .... 50 »
61. Rideaux de vitrage, brise-bise, la paire ..... 30 »
62. Reliure par volume :
   In-8° et formats plus petits .... 10 »
   In-folio et in-4° .... 20 »
63. Rubans, passementerie, le mètre .... 5 »
64. Sacs de dames .... 40 »
65. Sellerie : Harnais complets pour voiture ..... 600 »
   Pièce isolée .... 150 »
66. Stores de vitrage ou de fenêtre .... 50 »
67. Sujets en bronze d'imitation .... 10 »
68. Tapis : Carpettes .... 100 »
   Descentes de lit ou foyers .... 25 »
   Tapis cloués, le mètre (1^{m}00×0^{m}70) .... 20 »
   Tapis cloués (largeur sup.) .... 25 »
69. Tapis de table, dessus de lit .... 80 »
70. Tissus pour vêtements ou ameublement, le mètre carré .... 20 »
71. Tentures murales de toutes natures, le mètre carré .... 5 »
72. Vêtements d'appartement, peignoirs, pyjamas, robes de chambre .... 80 »

73. Valises, sacs de voyage .... 75 »
74. Verrerie et Cristallerie :
    a) Grands verres .... 2 »
    b) Petits verres 1 50
    c) Pièces de toilette ou de bureau .... 10 »
    d) Grosses pièces, carafes, pichets ou analogues .... 10 »
75. Vins : en bouteilles .... 5 »
    en fûts, par litre .... 3 »
76. Voitures à chevaux pour le service particulier 1.000 »
77. Volières, cages .... 10 »

MODÈLE DU LIVRE SPÉCIAL
annexé au règlement d'administration publique du 29 mars 1918.

N° d'ordre	DATE du payement	DÉSIGNATION sommaire des articles	PRIX des articles	TAXE PERÇUE 5		NOM et adresse de l'acheteur	DÉSIGNATION sommaire des articles rendus ou échangés	DATE du rendu ou de l'échange	TAXE remboursée
				à 0.20 °/₀	à 10 °/₀				
1	2	3	4			6	7	8	9

MODÈLE DU CARNET DE RECETTES N° 1		MODÈLE du CARNET N° 2 (OBJETS RENDUS ou ÉCHANGÉS)	
Caisse n°............... • Carnet n°...............		Caisse n°............... Carnet n°...............	
Folio............	Folio	Folio... Caisse n°... Carnet n°...	Folio Caisse n° Carnet n°
Caisse n°........... Carnet n°	Caisse n° ... Carnet n° ...	Vente du	Vente du ....
Payement le...............	Payement le	Rendu ou échangé du	Rendu ou échangé du .....
Objets vendus :	Objets vendus :	Nom et adresse de l'acheteur :	Nom et adresse de l'acheteur :
		Objet :	Objet :
Prix :	Prix :	Prix :	Prix :
Taxe perçue	Taxe perçue :	Taxe remboursée :	Taxe remboursée :

GRENOBLE
IMPRIMERIE JOSEPH BARATIER

www.ingramcontent.com/pod-product-compliance
Lightning Source LLC
Chambersburg PA
CBHW060613050426
42451CB00012B/2220